Filipenses

José Young

Ediciones Crecimiento Cristiano

© 1985 **Ediciones Crecimiento Cristiano**
Título: Filipenses
Autor: José Young
Primera edición: 2009
I.S.B.N.:978-987-1219-28-5
Clasificación: Estudios Bíblicos. I. Título
    CDD 220.7

Diseño de tapa: Ana Ruth Santacruz
Corrección: Alejandra Bonino - Dina Castillo

Impreso en los talleres de
Ediciones Crecimiento Cristiano
Córdoba 419
5903 Villa Nueva, Córdoba
Argentina

oficina@edicionescc.com
www.edicionescc.com

IMPRESO EN ARGENTINA

VI7

Introducción

En el norte de Grecia, en lo que antes era la provincia de Macedonia, se situaba la ciudad llamada Filipos. Era una ciudad importante, ubicada en el camino principal entre Europa y Asia y, como "colonia romana", tenía privilegios especiales.

El apóstol Pablo, en su segundo viaje misionero, recibió una llamada de Dios para evangelizar esa ciudad y en ella nació la primera iglesia de Europa.

Escribió esta epístola estando prisionero aunque, cuando uno estudia los detalles, no es tan claro dónde. Muchos comentaristas suponen que estaba en Éfeso. Pablo envió la carta por medio de Epafrodito, a quien conoceremos luego a través de esta guía.

La carta a los filipenses fue llamada "la epístola del gozo", ya que es un tema recurrente en varias partes de ella.

Intentemos entonces meternos dentro de su contenido y descubrir su mensaje. En este estudio utilizaremos más de una versión de la Biblia. Las principales serán:

RV = Reina-Valera, versión 1995
NVI = Nueva Versión Internacional
DHH = Dios Habla Hoy

Nota: Si usted no ha utilizado anteriormente este tipo de material puede encontrar algunas indicaciones al final de este cuaderno (pág. 54)

1   Hechos 16.11-40

El motivo del segundo viaje misionero de Pablo era visitar a las ciudades donde había sembrado el evangelio por primera vez (Hechos 15.36).

Pero el Espíritu Santo intervino y por medio de una visión (Hechos 16.9, 10) dirigió a Pablo, Silas, Timoteo y Lucas (nota 1) a la provincia romana de Macedonia.

Llegaron a la ciudad de Filipos y, como era la costumbre de Pablo, buscaron un lugar de encuentro de los judíos (Romanos 1.16). Aparentemente no había una sinagoga (necesitaban un mínimo de diez hombres), y fueron a la playa donde pensaban encontrar un lugar de oración.

1/ La primera persona creyente en Europa fue una mujer llamada Lidia. De acuerdo al relato de Hechos ¿qué podemos saber de ella, su situación, clase social, etcétera?

Es llamativo que su familia seguía su ejemplo. (v. 15)

El versículo 16 sugiere que Pablo y su equipo iban regularmente al lugar de oración para seguir conversando con los judíos pero, en esta oportunidad, les siguió una muchacha, gritando.

2/ ¿Por qué se sintió Pablo molesto si la muchacha decía la verdad?

Es notable que Pablo no armó una escena de "exorcismo", sino que simplemente sanó a la muchacha con una palabra.

3/ ¿Porqué la muchacha era doblemente esclava?

El relato no dice en forma directa de que ella se convirtió, pero todos los comentaristas suponen que sí.

La muchacha era un buen negocio para sus dueños. Cuando ellos se dieron cuenta del cambio que se había producido en ella, agarraron a Pablo y Silas y los llevaron a las autoridades.

4/ ¿Cuál puede ser la razón por la que no dijeron la verdad a los jueces?

Es extraño que Pablo no exigiera sus derechos como ciudadano romano (nota 2), pero puede ser que simplemente no le prestaban atención por el alboroto en el lugar. (v. 22)

5/ ¿Cómo era la situación de Pablo y Silas en la cárcel?

Es notable la reacción de los dos ante su situación. ¡La mayoría de nosotros hubiéramos llenado la cárcel con lamentaciones y quejas!

El terremoto que vino debe haber sido bien fuerte para sacudir los cimientos de la cárcel.

6/ Con las puertas abiertas, los presos hubieran podido escapar. ¿Qué les puede haber impedido hacerlo?

El carcelero se asustó porque tendría que pagar la huída de los presos con su vida. Sin embargo, su pregunta (v. 30) parece un poco fuera de contexto.

7/ ¿Qué puede haber motivado esa pregunta? ¿Qué entendía realmente acerca de la "salvación"?

El contraste entre la manera en que el carcelero trató a Pablo y Silas en la cárcel y su tratamiento posterior llama la atención. A veces los comentaristas hablan de las tres primeras personas convertidas de Filipo (Lidia, la muchacha y el carcelero), pero en realidad, si incluimos las familias de Lidia y el carcelero, se puede haber formado un grupo importante para comenzar una iglesia.

Se ve que el intento de los jueces era impresionar a Pablo y Silas. Pensaban tenerlos presos una noche como advertencia y luego soltarlos.

8/ Las autoridades enviaron guardias para soltar a los dos presos.

a/ ¿Cuál puede ser la razón por la que Pablo, ahora, insiste en sus derechos como ciudadano romano, ya que lo iban a soltar?

b/ ¿Cómo puede haber afectado esto a la iglesia que comenzaba?

Las autoridades, en vez de darles la bienvenida como ciudados romanos, les rogaron que se fueran.

9/ ¿Cuál puede haber sido la razón?

Ellos salieron pero Lucas se quedó, ya que dice que "ellos" se fueron. Seguramente su tarea era quedarse y ayudar a estos nuevos creyentes en sus primeros pasos en la vida cristiana.

De esta forma, entonces, nace la iglesia de Filipos.

Notas

1 - El uso de "nosotros" indica que Lucas formaba parte del equipo de Pablo durante su estadía en Filipos.

2 - Según la ley romana, sus ciudadanos no podían ser castigados con formas degradables y tenían ciertos derechos bajo la ley para exigir un juicio formal.

2   Filipenses 1.1-11

Varios años después de la visita de Pablo a Filipos, les escribe esta carta desde la cárcel. Es muy probable que estuviera en Roma durante el encarcelamiento mencionado al final de los Hechos (nota 1), aunque si es así, pueden haber pasado unos diez o doce años desde su visita.

Pablo comienza la carta en la forma tradicional. Menciona también a Timoteo quien estuvo con él y Silas durante la primera visita a Filipos.

Pero fíjense en el primer versículo de Romanos, 1 y 2 Corintios, Gálatas, Efesios y Colosenses.

1/ a) Dice en esas cartas algo de sí mismo que no dice en esta carta. ¿Qué es?

b) ¿Qué motivo puede haber tenido Pablo para no incluir ese detalle?

Aunque nuestras traducciones llaman "siervos" a Pablo y Timoteo, la palabra literalmente es "esclavos" de Jesucristo.

2/ ¿De qué manera 1 Corintios 6.20 y 7.23 aclaran esa relación?

Pablo escribe a toda la comunidad, la iglesia. Menciona "santos", "obispos" y diáconos".

"Santo" singifica simplemente: "separado", y subraya el hecho de que hemos sido separados del reino de este mundo para pertenecer a Dios y su reino.

"Obispo" es una traducción de la palabra "episkopos" que, en aquella época, señalaba una persona ocupada en el servicio público, un administrador. No existía en esa época la jerarquía eclesiástica que vemos en muchos grupos cristianos hoy. (nota 2)

"Diáconos" es simplemente la palabra griega: "diakonos", es decir, un siervo. (nota 3)

Pablo oró y dio gracias a Dios por la iglesia de Filipos. Estaba seguro de que la obra que Dios había comenzado en ellos iba a seguir hasta el día del regreso del Señor.

3/ ¿Qué motivos sugiere Pablo que le dan tanta confianza?

Pablo apreciaba mucho a los hermanos de Filipos, y lo expresa de varias maneras. Por ejemplo, afirma que "los lleva en su corazón" o "los tengo en mi corazón".

4/ Si usted tiene una persona "en su corazón" (v. 7), ¿qué significa en la práctica? ¿Es simplemente una emoción?

Pablo afirma su confianza en el apoyo de la iglesia de Filipos, tanto en la cárcel como en su defensa delante de las autoridades y especifica su oración por ellos. Pide que su amor crezca, pero un amor especial. La NVI es tal vez la más clara:

"...que el amor de ustedes abunde cada vez más en conocimiento y buen juicio..."

5/ Explique: ¿Cómo es un amor
a) sin "conocimiento y buen juicio"?

b) con "conocimiento y buen juicio"?

Pablo luego dice que esa clase de amor debe tener cuatro resultados. Note como las tres versiones rinden el primer resultado:

"para que sepan escoger siempre lo mejor" (DHH)
"para que disciernan lo que es mejor" (NVI)
"para que aprobéis lo mejor" (RV)

6/ ¿De qué manera nos ayuda Hebreos 5.14 a comprender lo que Pablo dice?

La RV define el *segundo* resultado como "sinceros" y la NVI como "puros". Un comentarista sugiere que una buena traducción de la palabra sería "transparentes".

7/ Según esto, ¿cómo debemos ser? Explique.

El *tercer* resultado es ser "irreprochable".
8/ ¿Cómo es una persona "irreprochable"?

La *última* característica, según las versiones RV y NVI, es ser "llenos del fruto de justicia".
9/ ¿Cuál será ese "fruto de justicia"?

El resultado, según Pablo es para la gloria y alabanza de Dios. ¡Qué podamos llegar a ser así!

Notas

1 – Los argumentos son extensos, pero las posibilidades discutidas son Cesaréa, Éfeso y Roma.

2 – Aunque normalmente se refiere a los dirigentes de las iglesias como "ancianos", en realidad son caracterizados por tres términos: "anciano", que se refiere a su madurez; "pastor", que

indica su cuidado de las personas y "obispo", que indica su capacidad de administrar.

3 – La palabra griega "diakonos" aparece unas treinta veces en el Nuevo Testamento, pero se traduce por "diácono" solamente tres o cuatro veces (según la versión de la Biblia).

3 Filipenses 1.12-26

Pablo está encarcelado. No ha sido juzgado todavía y el resultado es tema de oración. Pero lo extraño es que Pablo afirma que isus cadenas han estimulado la proclamación del evangelio!

En realidad había dos grupos animados a evangelizar: los que estaban de acuerdo con Pablo y los que estaban en contra.

Llama la atención el versículo 15, es decir, que los hermanos habían cobrado ánimo por el encarcelamiento de Pablo. Uno pensaría que la situación les hubiera llevado al desánimo.

1/ ¿Qué opina usted?

Sin embargo, había otro grupo que predicaba el evangelio con otras motivaciones que Pablo describe de tres maneas.

2/ Si Pablo estaba preso, encadenado, fuera de acción, ¿cómo puede ser que algunos predicaban a Cristo por
   a) envidia?

   b) rivalidad?

   c) buenas intenciones?

3/ ¿Cómo entiende usted el versículo 17?

Pablo dice que no le importan sus motivos. Pero esta actitud crea un problema porque en realidad hay predicadores que se aprovechan del púlpito para hacerse ricos y hay otros que crean un culto a la personalidad... su personalidad.

4/ ¿Podemos, o debemos, decir lo mismo que Pablo, es decir, que no importa el motivo con tal de que prediquen a Cristo?

De todos modos, dice Pablo, estoy contento, me alegro y creo, con la ayuda de las oraciones de ustedes y del Espíritu, ser liberado. (nota 1)

Note el versículo 20 donde Pablo afirma que su "ardiente anhelo y esperanza" (NVI) es no ser avergonzado.

5/ ¿Qué le podría llevar a sentirse avergonzado?

Al contrario, esperaba exaltar a Cristo en su vida o en su muerte.

6/ ¿Qué es:
  a) exaltar a Cristo en la vida?

b) exaltar a Cristo en la muerte?

Al versículo 21 muchos lo han memorizado y los predicadores se refieren a él como ejemplo de vida cristiana.

7/ Pero,
  a) ¿Usted puede decir lo mismo?

b) si no, ¿qué falta? ¿Cuál es el problema?

Los versículos 22 a 25 relatan el argumento interno de Pablo acerca de su futuro. Dice en el versículo 22 que no sabía escoger entre la vida y la muerte. Sin embargo, ¡la decisión no era de él sino del juez! Pablo sabía bien que su futuro dependía del resultado de su juicio.

8/ ¿De qué manera, entonces, tenía que "escoger" su futuro?

9/ Las posibilidades eran solamente dos: la vida o la muerte.
   a) ¿Qué ventajas tendría quedarse vivo?

   b) ¿Cuales serían las ventajas de ser condenado a morir? (No olvide el versículo 20)

Pablo dice que personalmente ¡él preferiría morir! (v. 23)
10/ ¿Ésta, honestamente, sería la preferencia suya? ¿Por qué?

Pablo termina esta sección con la confianza de que iba a verlos de nuevo. No sabemos en realidad si lo logró o no, pero es importante recordar su motivo: "para contribuir a su jubiloso avance en la fe". (NVI)

¿No sería ésta una meta para nosotros también, es decir, avanzar jubilosamente en la fe y ayudar a otros a hacer lo mismo?

Lo recomiendo como tema de oración para su grupo al terminar este estudio.

Notas

1 – La palabra "liberado" significa, literamente, "salvado". Algunos comentaristas afirman que no se puede traducir la palabra por "liberar", por lo que expresa en 2.17. Pero otros aceptan la traducción a la luz de 1.25.

4 Filipenses 1.27-2.4

Pase lo que pase, dice Pablo, si logra visitarlos o no, esto no debe afectar su manera de vivir el evangelio. Dice que ellos deben vivir de una manera "digna del evangelio de Cristo".
1/ ¿Qué implica vivir de una manera "digna" del evangelio?

De todos modos, visitandolos o no, esperaba noticias de ellos. Esperaba, primero, que fueran "firmes en un mismo espíritu" (RV) o "firmes en un mismo propósito" (NVI).
2/ ¿En qué deben (y debemos) ser firmes?

Firmes, dice Pablo, y luchando (NVI) o combatiendo (RV).
3/ ¿De qué se trata esa lucha? ¿cómo es?

Pablo afirma que deben luchar, sin "temor" (NVI) o "sin dejarse intimar" (RV) por sus adversarios. No sabemos bien quiénes eran sus adversarios, aunque los Hechos nos indica una posibilidad. (Hechos 16.19) Ya que había pocos judíos en la ciudad, la oposición debía haber venido de los no judíos en este caso.

Pero Pablo dice que su falta de miedo sería una señal para la

oposición, una señal de perdición, de destrucción.
4/ ¿Cómo puede ser eso?

5/ ¿De qué manera sería su falta de temor una señal de su salvación?

En los versículos 29 y 30 habla de un "privilegio" no muy atractivo para nosotros, pero note que es el resultado de seguir en la misma lucha que Pablo enfrenta (v. 30). El Señor prometió lo mismo en Mateo 5.11, 12.

Ahora bien, la gran mayoría de nosotros en América Latina no tenemos una oposición importante.

6/ La pregunta para nosotros, entonces, es: ¿Deberíamos sufrir? Si no sufrimos, ¿falta algo en nosotros?

Hay que recordar que la carta que Pablo escribió no estaba dividida en capítulos y versículos (eso vino mucho después). Así 2.1 es simplemente la continuación del planteo de Pablo.

"Por tanto", escribe Pablo, a la luz de lo que dijo, hay un estilo de vida que deben compartir. Espera que ellos estén viviendo ciertas condiciones (v. 1), pero aquí tenemos una diferencia notable entre las diferentes versiones de la Biblia. Veámosla una por una.

Primero: "algún estímulo en su unión con Cristo"(NVI)
"si Cristo les ha dado el poder de animar" (DHH)
"si hay algún consuelo en Cristo" (RV)
7/ ¿Cómo entienden esta expresión?

Segundo: "algún consuelo en su amor" (NVI)
"si el amor les impulsa a consolar a otros" (DHH)
"algún estímulo de amor" (RV)
8/ ¿Cómo entienden esta expresión?

Tercero: "algún compañerismo en el Espíritu" (NVI)
"todos participan del mismo Espíritu" (DHH)
"alguna comunión del Espíritu" (RV)
9/ ¿Cómo entienden esta expresión?

Cuarto: "algún afecto entrañable" (NVI)
"tienen un corazón compasivo" (DHH)
"algún afecto entrañable" (RV)
10/ ¿Cómo entienden esta expresión?

Si tienen estas cosas, dice Pablo, entonces debe haber resultados en la vida de su iglesia. Esencialmente son dos. Primero, la unidad (nada que ver con la uniformidad). **11/ Según lo que Pablo afirma en el versículo 2, ¿cómo ha de ser esa unidad?**

Segundo, la humildad. El tema de la humildad no es fácil porque el concepto popular de ser humilde está lejos del concepto bíblico. Hay que recordar que la persona más importante que ha vivido en este mundo era humilde. (Mateo 11.29) **12/ Ser humilde ¿es pensar que todos los demás son más capaces, más inteligentes, etcétera? Si no, ¿qué es?**

Pablo termina esta porción con una pauta esencial para la vida de la iglesia (v. 4). Muchas veces decimos: "Yo debo buscar el bien de mis hermanos y no mi propio bien". Pero el versículo 4 no dice esto. **13/ ¿Cuál es la diferencia?**

Pablo resume lo que viene diciendo en el versículo 5, pero ese es el tema del próximo estudio.

5   Filipenses 2.5-11

Es muy probable que los primeros cristianos hayan cantado los versículos 6 a 11. Los comentaristas piensan que el canto no es de Pablo, sino que nació en las iglesias.

Pablo no dice que debemos imitar a Jesús, sino que debemos pensar de la misma forma, tener la misma actitud.

1/ ¿Qué quiere decir esto?

Los seis versículos están dividos en dos grupos de tres. Tres que describen lo que Jesús hizo, y tres lo que Dios hizo. Vamos a seguirlos paso por paso.

Jesús era "por naturaleza" Dios (NVI). No era algo parecido, como implica la palabra "forma" de la RV, sino con el mismo ser (DHH).

2/ ¿Qué entiende usted cuando dice que "no se aferró" a esa igualdad?

Luego dice que "se despojó a sí mismo" (RV) o "renunció a lo que era suyo" (DHH).

3/ Si Cristo dejó algo, renunció a algo, ¿qué es lo que dejó?

Como siguiente paso, "tomó la naturaleza de siervo". Es importante que la palabra "naturaleza" (NVI) o "forma" (RV) es la misma que en el versículo 6.

4/ ¿De qué manera se hizo "siervo"?

Como siervo, se hizo hombre. No se disfrazó de hombre, sino que nació de mujer como todos nosotros.

5/ ¿Cuáles pueden ser las limitaciones que aceptó al hacerse hombre?

No solamente aceptó las limitaciones de un ser humano, sino que también "se humilló a sí mismo" (NVI).

6/ ¿De qué maneras mostró Jesús su humildad como hombre (aparte de la cruz)?

Y por último, llegó a la cruz.

7/ ¿Cómo nos ayudan los siguientes versículos a comprender lo que ocurrió en la cruz? Hechos 2.23; Juan 10.18; Hebreos 5.8, 9; Colosenses 2.14.

Con el versículo 9, el enfoque cambia totalmente. Hasta ahora ha sido una marcha fúnebre, pero ahora escuchamos la música triunfal, alegre. Es el nombre "Jesús" al que toda la creación dará honor. Uno pensaría que el nombre más apropiado para esta situación sería "Hijo glorioso de Dios" o "Señor todopoderoso". Pero no, todos honran a "Jesús".

8/ ¿Por qué es especialmente significativo que el universo honre a "Jesús"?

Jesús murió como hombre y recibe honra como hombre. Y toda la creación reconocerá que Jesús el Cristo es el Señor.

9/ ¿Ese reconocimiento será universalmente voluntario? Explique.

El resultado de esto es que todos daremos gloria a Dios el Padre.

"Y oí a cuanta criatura hay en el cielo, y en la tierra. y debajo de la tierra y en el mar, a todos en la creación, que decían:
¡Al que está sentado en el trono y al Cordero,
sea la alabanza y la honra, la gloria y el poder,
por los siglos y los siglos!" (Apocalipsis 5.13)

"La actitud de ustedes debe ser como la de Cristo Jesús". (2.5 NVI)

6 Filipenses 2.12-18

Así que, dice Pablo, como el Señor era obediente, ustedes deben seguir su ejemplo. Afirma que habían sido obedientes mientras que él estaba, pero ahora en su ausencia...

Por supuesto, nuestra obediencia no debe depender de la presencia de la "autoridad". Pero está el dicho: "Cuando el gato no está, los ratones bailan".

1/ ¿Es así con nosotros? ¿Cuál ha sido su experiencia?

La expresión que sigue no es fácil de interpretar. Según las diferentes versiones es

"lleven a cabo su salvación" (NVI)

"ocupáos en vuestra salvación" (RV)

"trabajad... por vuestra salvación" (Biblia de Jerusalén)

"hagan efectiva su salvación" (DHH)

Se ve que algún aspecto de nuestra salvación depende de nosotros.

2/ ¿Cuál sería ese aspecto?

3/ ¿Qué debemos hacer, entonces, para cumplir con lo que Pablo exhorta?

4/ ¿Por qué dice Pablo que debemos hacerlo con "temor y temblor"?

El versículo 13 crea el equilibrio: tenemos una parte y Dios tiene otra.
5/ ¿Podemos separar las dos, es decir, vivir según una y sin la otra? Explique.

El versículo 15 comienza con "Para que...".
6/ ¿Qué tiene que ver el versículo 14 con la primera parte del versículo 15?

Pablo dice que ellos (y nosotros) deben brillar en la oscuridad del mundo. El Señor ya dijo algo parecido en Mateo 5.16.

7/ Seamos prácticos, concretando lo que dice Mateo 5. ¿Qué debe ver la gente en usted para que sea una persona que "brille" en el mundo?

Pablo dijo que si ellos seguían así, brillando y manteniéndose firmes en la palabra de vida, podía sentirse satisfechos, porque la otra alternativa era "haber corrido y trabajado en vano". (NVI)

8/ Pero si sembramos la Palabra fielmente (Isaías 55.11), ¿cómo puede nuestro esfuerzo ser en vano?

El versículo 17 refleja el lenguaje del Antiguo Testamento, hablando del sacrificio de un animal y la práctica de derramar su sangre alrededor del altar (una "libación"). Levítico 1.3-5 es un buen ejemplo.

La traducción más clara de este versículo es la de la Nueva Biblia Española:

"Y aun suponiendo que mi sangre haya de derramarse, rociando el sacrificio litúrgico que es vuestra fe..."

Pablo de nuevo vio la posibilidad de su ejecución, que para él sería una ofrenda a Dios. Su sacrificio sería como una "libación" sobre el sacrificio de ellos.

9/ ¿Cuál sería, entonces, el sacrificio de ellos?

De nuevo el último versículo es insólito. Alegría, alegría a pesar de todo. Pero ¿es posible exigir a una persona que sea alegre? ¿Depende de nosotros o de algo externo?
10/ ¿Qué opina usted?

Hermanos, llevemos a cabo nuestra salvación con temor y temblor.

7 Filipenses 2.19-3.1

Dos hombres, pero dos hombres muy especiales. Los dos estuvieron con Pablo, aunque no encarcelados. Pablo esperaba enviar a Timoteo a Filipos, y ese "espero" implica una cierta duda.

1/ ¿Qué puede haber hecho surgir esta duda en Pablo?

También esperaba que Timoteo le trajera buenas noticias acerca de la iglesia. ¿Estaba algo desanimado?

2/ ¿Qué hemos visto en la carta hasta este párrafo que puede haber llevado a Pablo a sentir cierta aprehensión?

Hechos 16 cuenta como Pablo encontró a Timoteo justo antes de seguir viaje a Filipos. Timoteo era hijo de padre griego y madre judía.

3/ ¿Qué aprendemos acerca de él en los siguientes versículos: 1 Timoteo 4.12; 5.23; 2 Timoteo 3.15?

Timoteo tenía sus aspectos débiles, sin embargo Pablo dijo que no encontró ninguno igual a él.

4/ Explique con sus propias palabras por qué Pablo hizo tal afirmación.

5/ ¿Por qué, ahora, hay pocos creyentes como Timoteo? ¿Qué nos hace falta?

Pablo advertía que era necesario enviar también a Epafrodito.

6/ ¿Por qué puede haber sentido que era "necesario"?

Pablo dice que deseaba enviar a Epafrodito para que ellos pudieran sentir la alegría de verlo de nuevo.

Pero, a la vez, lo hizo para que "yo esté menos preocupado" (NVI), "yo no esté tan triste" (RV).

Se ve que Pablo también sentía un poco de preocupación acerca de la manera en que ellos podrían recibirlo (v. 29).

7/ ¿Por qué algunos podrían haber sentido cierta oposición por el regreso de Epafrodito?

Pablo dice que Epafrodito había arriesgado su vida para "suplir el servicio que ustedes no podían prestarme". (NVI)
8/ ¿Cuál puede haber sido ese servicio?

Epafrodito, como Timoteo, era un hombre excepcional, y Pablo dice que deben "honrar a los que son como él". (v. 29)
9/ ¿Cuál será ese "honor"?

Con 3.1 Pablo termina una parte de su carta para luego comenzar un tema nuevo en 3.2. y repite algo sobre lo cual ha insistido varias veces.
10/ ¿Por qué era necesario, y es necesario, repetir lo mismo?

Es fácil desanimarse frente a hombres como Timoteo y Epafrodito. Ellos eran especiales, y nosotros tan "ordinarios". Pero también pueden inspirarnos a ser como ellos. Dios no ha terminado con nosotros todavía... si estamos dispuestos a pagar el precio.

8   Filipenses 3.2-11

" Cuídense de esos perros...": palabras fuertes de Pablo. Lo que llama la atención es que los judíos llamaban "perros" a los gentiles (nota 1), y en este caso Pablo lo aplica a los que insistían en la circuncisión.

Esta es la primera (y última) vez que Pablo los menciona en Filipenses, pero es un tema que se repite cada tanto en sus otras cartas.

1/ ¿Qué aprendemos acerca de ellos, es decir de su "partido", en Hechos 15.1 y Gálatas 15.5?

Normalmente Pablo habla del rito de la circuncisión con respeto. Note, por ejemplo, Romanos 2.25 y 3.12.

2/ ¿Por qué, en este caso, lo llama "mutilación"?

Pablo repite tres veces: "cuídense", para enfatizar el peligro.

3/ ¿Por qué era tan peligroso para los creyentes en Filipos?

4/ ¿Qué quiere decir Pablo cuando dice que "la circuncisión somos nosotros"?

Pablo afirma que una característica del discípulo de Jesús es que no confía en la "carne" (RV), no pone su confianza en esfuerzos humanos (NVI).

5/ Describa cómo sería un Pablo moderno, es decir, alguien que refleja las características de los versículos 4-6.

Pablo era un judío impecable (vv. 5, 6). Tanto en su nacimiento como en la práctica era un judío "ideal".

Sin embargo... afirma que dejó su vida anterior atrás, y la considera como "basura" (RV) o "estiércol" (NVI).

6/ Como miembro del pueblo de Dios, Pablo lo tenía todo. ¿Por qué no le sirvió?

Pablo habla de dos clases de justicia.

7/ Pero ¿qué es la "justicia"? ¿Cómo la define usted?

8/ Cuando Pablo "cambió de justicia",
   a/ ¿qué perdió?

   b/ ¿qué ganó?

¿Se da cuenta de que el tema principal para Pablo no era meramente el de la justificación, sino que iba mucho más allá?. Perdió todo por cinco objetivos:

Conocer a Cristo

Es Jesús mismo quien definió la vida eterna como una relación. Es conocerle a él y al Padre. (Juan 17.3)

9/ Pero ¿cómo es posible conocer a una persona cuando nunca la hemos visto?

Sentir el poder de su resurrección

La versión RV dice: "conocer... el poder de su resurrección" y la versión NVI: "experimentar el poder que se manifestó en su resurrección".

10/ ¿Qué será "sentir" ese poder? ¿Qué es "experimentarlo"?

Participar en sus sufrimientos

11/ ¿En cuáles sufrimientos? ¿Cómo podemos "participar" en ellos? Busque también Romanos 8.17; 2 Corintios 4.10; Filipenses 1.29 y 1 Pedro 4.13

Llegar a ser semejante a él en su muerte (NVI)

Ésta no es una expresión fácil. Una manera de entenderla sería la experiencia de Pablo en 2 Corintios 4.10-12. Otra manera sería lo expresado en Romanos 6.4 y Gálatas 2.20.

12/ ¿Cuál de estas posibilidades está más de acuerdo con Filipenses 3.10?. ¿O puede haber otra?

Así espero alcanzar la resurrección de entre los muertos

Se ve en sus cartas que Pablo no dudaba si había de resucitar o no. Iba a ser la culminación de una vida de servicio... y sufrimiento por Cristo.

13/ ¿Cómo podemos reconocer un Pablo "actual", si utilizamos los versículos 7-11 como pautas? ¿Puede haber tales ahora?

Vez tras vez, Pablo nos enfrenta con desafíos. Como dijo el Señor: "El que tenga oídos para oir, que oiga". (Marcos 4.9)

Notas

1 - El perro en aquellos días era un animal despreciado y los judíos veían a los gentiles de la misma manera. Apocalipsis 22.15 es otro ejemplo de su uso figurativo.

9   Filipenses 3.12-16

El versículo 12 es realmente insólito. ¿Al gran apóstol Pablo le faltó algo? Y si a él le faltó algo, ¿qué decir de nosotros?

La palabra "perfecto" significa algo terminado, logrado. Es la misma palabra que el Señor utilizó cuando afirmó: "terminé lo que debo hacer". (Lucas 13.32 NVI)

1/ En el caso de Pablo,
   a) ¿qué había conseguido ya?

b) ¿qué no había conseguido todavía?

El verbo "alcanzar" en el versículo 12 se utiliza para describir una carrera, con el sentido de "perseguir y alcanzar" o "cazar y agarrar".

Pablo dice que en su carrera olvidó el pasado.

2/ ¿Por qué es importante dejar atrás el pasado, tanto lo negativo como lo positivo?

También dice que en esa carrera espera recibir un premio (v. 14).

3/ ¿Ese premio será la misma meta de la cual Pablo habla en el versículo 12, o es otra cosa? Si ese no es el premio, ¿cuál será entonces?

Los comentaristas no están de acuerdo en cómo se debe interpretar el versículo 15. Muchos piensan que Pablo está hablando con ironía a los que pretenden ser perfectos. Es decir que escribe a "los que piensan que son perfectos". A la luz del versículo 12, es muy posible que esa interpretación sea la correcta.

4/ Si es así, ¿qué está diciendo Pablo en este versículo?

5/ ¿Qué peligros existen para el creyente que piensa que ya ha llegado a la "perfección"?

Pero, por otro lado, Pablo en otras cartas reconoce que debe haber muchos creyentes que, sin ser "perfectos", han llegado a un cierto nivel de madurez.

El versículo 16 se traduce de variadas maneras:

"En todo caso, seamos consecuentes con lo ya alcanzado". (Nueva Biblia Española)
"En todo caso, vivamos de acuerdo con lo que ya hemos alcanzado". (NVI)
"Por lo demás, desde el punto a donde hayamos llegado, sigamos adelante". (Biblia de Jerusalén)

6/ ¿Cómo entiende usted esta exhortación de Pablo?

En estos versículos, Pablo presenta un concepto de la vida cristiana.
7/ Está bien para Pablo,
   a) pero ¿es algo que podemos aplicar a la vida actual, al mundo moderno?

   b) Si piensa que sí, ¿cómo podemos vivir de esa manera?

8/ ¿Conoce a una persona que se asemeje a lo que Pablo está diciendo? Describa a esa persona.

La vida cristiana es un proceso. Confiar nuestra vida en las manos de Jesucristo es apenas el primer paso de un camino largo. Nunca conviene sentarse al costado del camino y observar como otros caminan. Y, felizmente, nunca caminamos solos.

10 Filipenses 3.17-4.1

Al leer las cartas de Pablo uno se da cuenta de que los conflictos y las divisiones en las iglesias aparecieron muy temprano. Preocupaban mucho a Pablo y aquí toca el tema "con lágrimas".

Se refiere en varias de sus cartas a sí mismo como ejemplo, como modelo. Pero, como él mismo confesó, le faltaba todavía.

1/ ¿Cómo, entonces, podía ofrecerse como modelo? ¿Qué nivel de madurez necesitamos alcanzar para que seamos "modelos"?

Pablo exhorta a los filipenses a seguir su ejemplo porque existen otros dañinos.

El panorama se complica cuando intentamos identificar a las personas de los versículos 18 y 19. De los comentarios consultados, cuatro opinan que son creyentes (o por lo menos profesan serlo), uno cree que son los mismos que Pablo menciona en 3.2, y el último dice que son paganos sin el conocimiento del cristianismo.

2/ ¿Qué evidencia puede encontrar que sugiere que eran cristianos?

3/ ¿Qué evidencia indica que son los mismos del versículo 2?

4/ ¿Cuáles son las evidencias que indican que eran "paganos"?

La interpretación de estos dos versículos se complica, porque depende en gran parte a cuál grupo pertenecían esas personas . No es difícil imaginar cómo un judío o un pagano puede ser "enemigo de la cruz de Cristo", pero,

5/ ¿de qué manera un creyente puede serlo?

El versículo 20 comienza con: "En cambio... nosotros somos ciudadanos del cielo".

6/ ¿Qué implica ser ciudadano del cielo? ¿Qué efecto puede tener sobre nuestra manera de vivir?

Pablo dice que cuando Jesús regrese, cambiará nuestro cuerpo "miserable" (NVI, DHH) en un cuerpo como el suyo. **7/ ¿Cómo será nuestro nuevo cuerpo? Busque otros pasajes del Nuevo Testamento que ayuden a clarificar el tema.**

"Por lo tanto, queridos hermanos... manténganse así firmes" (v. 4.1 NVI). Es su conclusión de todo lo que ha escrito hasta ahora. **8/ ¿Está usted más firme ahora que hace un año? ¿Cómo lo sabe?**

Pablo afirma que ellos son su corona y alegría en el día del regreso del Señor. Note 1 Tesalonicenses 2.19 donde repite la misma idea. **9/ ¿Hay alguien a quien usted puede llamar "mi corona"?**

El mensaje de Pablo siempre es el mismo: Jesús es todo. Si tenemos vida, es por él. Si tenemos esperanza, es por él. A él sea la gloria por siempre.

11   Filipenses 4.2-9

Dos mujeres, de las cuales no sabemos más que su nombre, aunque parece que habían colaborado con Pablo en algún momento.

1/ Si fuera usted el "compañero" que Pablo nombra para solucionar el problema, ¿cómo procedería?

Pablo dice que las dos debían "ponerse de acuerdo" (NVI) o "ser de un mismo sentir". Pero ¿no hay diferencias justas? ¿Debemos siempre ser "del mismo sentir"? ¿Hay situaciones cuando no podemos, o no debemos, ponernos de acuerdo?

2/ ¿Qué opina usted?

¡Dos veces Pablo insiste que debemos estar alegres! Sin embargo, sabemos bien que no es tan fácil.

3/ ¿Es posible simplemente mandar a una persona que esté alegre, o hay algo más en esta exigencia de Pablo?

Cuando Pablo exige: "no se inquieten" (NVI) o "no estéis angustiados", es otra cosa, porque nos indica cómo hacerlo. Es simplemente cambiar el enfoque. En vez de ser yo y mi problema, que sea Dios y mi problema.

La solucion, según Pablo es "oración y ruego". (NVI, RV)

4/ ¿Son la misma cosa? ¿Que diferencia existe entre "oración" y "ruego"?

El resultado, afirma Pablo, es paz. Una paz tan grande que no se la puede comprender humanamente.

5/ ¿Qué definición daría usted de "paz"? ¿De qué manera es diferente de la paz que conoce el mundo?

Cuando Pablo dice que esa paz guardará o cuidará nuestro corazón, utiliza un término militar. Es como si nuestro corazón tuviera un destacamento militar protegiéndolo.

"Por último", dice Pablo, y termina con sus últimos consejos para la iglesia. Es un consejo clave: que ocupemos nuestra mente con cosas saludables.

6/ Pablo dice que debemos "considerar", "pensar en", una lista de cosas. ¿Qué debemos considerar? No son sinónimos, cada una indica una categoría distinta. Defina cada una y, si es posible, escriba un ejemplo de:
lo verdadero

lo respetable

lo justo

lo puro

lo amable

lo digno de admiración

Pensar... y hacer. No podemos separar las dos cosas. Después de exhortar, "consideren". Pablo sigue con un "pongan en práctica".

7/ Los dos deben ir juntos.
   a) ¿Qué puede pasar si nos limitamos a "considerar"?

b) Qué puede pasar si nos limitamos a "poner en práctica"?

Pablo dice que deben poner en práctica cuatro cosas: lo que han aprendido, recibido, oído y visto.

8/ ¿Son iguales? ¿Qué diferencia puede haber entre las cuatro?

9/ ¿Tenemos los mismos elementos para poner en práctica o son diferentes para nosotros?

Pablo termina diciendo que si ponemos en práctica lo que debemos poner en práctica, el Dios de paz estará con nosotros. Una motivación suficiente para que lo cumplamos.

12 Filipenses 4.10-23

L legamos a la parte final de la carta, y Pablo comenta acerca de una ayuda económica que había recibido de la iglesia. Reconoció que ellos eran los únicos que le habían apoyado durante una época.

1/ ¿Cuál parece ser el motivo principal de Pablo al escribir esta parte de su carta?

Es notable la actitud de Pablo en el versículo 12. Utilizando la NVI, el contraste es fuerte:

vivir en pobreza   vivir en abundancia
pasar hambre   quedar saciado
sufrir escasez   tener de sobra

2/ ¿Conoce a alguien que vive en uno de estos extremos? ¿Qué le parece: acepta su situación con una actitud correcta?

3/ ¿Por qué el tener mucho o el tener poco, en ambos casos, es peligroso?

La clave de la actitud de Pablo está en el versículo 13. Con Cristo en nuestra vida, cambia nuestra actitud hacia todas las cosas. O mejor dicho, está en proceso de cambio.

4/ ¿Cómo entiende usted el versículo 17?

Con el versículo 18 Pablo habla de su ofrenda como un sacrificio a Dios, un sacrificio agradable a Dios.

5/ ¿Puede encontrar por lo menos un pasaje más (aparte de Filipenses) que afirma lo mismo?

6/ Si es así, ¿cómo ha de afectar la manera en que damos?

El versículo 19 parece ser un buen argumento para el "evangelio de la prosperidad", es decir que al creyente en Cristo no le faltará nada si realmente tiene fe.

7/ ¿Cómo entiende usted este versículo?

8/ Si tuviera que seleccionar un tema como el tema principal de este libro, ¿cuál sería? ¿Por qué?

Espero que este breve estudio de la carta le haya ayudado a conocer y apreciar más a nuestro Señor Jesucristo.

"A nuestro Dios y Padre sea la gloria por los siglos de los siglos. Amén". (v. 20, NVI)

Cómo utilizar este cuaderno

Este cuaderno es una guía de estudio, es decir que su propósito es guiarle a usted para que haga su propio estudio del tema o libro de la Biblia que desarrolla este material.

El cuaderno propone un diálogo. En él introducimos el tema, sugerimos cómo proceder con la investigación, comentamos, pero también preguntamos. Los espacios en blanco después de las preguntas son para que usted anote sus respuestas.

Esperamos que por medio del diálogo le ayudemos a forjar su propia comprensión del tema. No de segunda mano, como cuando se escucha un sermón, sino como fruto de su propia lectura e investigación.

¿Cómo hacer el estudio?

1 - Antes de comenzar, ore. Pida ayuda a Dios para que le hable y le dé comprensión durante su estudio.

2 - Debe leer los pasajes bíblicos más de una vez y preguntarse: ¿Qué dice el autor? Aunque muchos utilizan la versión "Reina-Valera" de la Biblia, conviene tener otra versión, o versiones, disponible para comparar los pasajes. La versión "Dios Habla Hoy" y la "Nueva Versión Internacional" le pueden ayudar a ver el pasaje con más claridad.

3 - Siga con la lectura de la lección. Responda lo mejor que pueda a las preguntas.

4 - Evite la tendencia de apurarse para terminar. Es mejor avanzar lentamente, pensando, preguntando, aclarando.

En grupo

El estudio personal es de mucho valor, pero se multiplican los beneficios si lo acompaña con el estudio en grupo. Un grupo de hasta ocho personas es lo ideal. Pero puede ser que, por diferentes motivos, el grupo esté formado por usted y una persona más; aun así, es mejor que estudiar solo.

En realidad, estos cuadernos han sido diseñados con el motivo siguiente: estimular el estudio en células, en grupos pequeños.

La manera de hacerlo es fácil:

1 - Haga en forma personal una de las lecciones del cuaderno. Aun cuando pueda haber cosas que no entienda bien, haga el mayor esfuerzo posible para completar la lección.
2 - Luego reúnase con su grupo. En el grupo comparten entre todos las respuestas a cada pregunta. Puede ser que no tengan las mismas respuestas, pero, comparando entre todos, las van aclarando y corrigiendo. En este compartir semanal de una hora y media, este diálogo entre todos, se encuentra la verdadera riqueza que nos provee esta forma de estudio.
3 - Evite salirse del tema. El tiempo es oro y lo más importante es enfocar todo el esfuerzo del grupo en el tema de la lección. Luego pueden dedicar tiempo para conocerse más y tener un rato social.
4 - Participe. Todos deben participar. La riqueza del trabajo en grupo es justamente eso.
5 - Escuche. Hay una tendencia a apurar nuestras propias opiniones sin permitir que el otro termine. Vamos a aprender de cada uno, aun de los que, según nuestra opinión, estén equivocados.
6 - No domine la discusión. Puede ser que usted tenga todas las respuestas correctas, sin embargo es importante dar lugar a todos y estimular a los tímidos a participar. No se trata de sobresalir, sino de compartir aprendiendo juntos.

Si en el grupo no hay una persona con experiencia para coordinarlo, se puede encontrar ayuda para dirigir un grupo en los siguientes lugares:

1 - Nuestra página web: www.edicionescc.com. La sección "Capacitación" ofrece una explicación breve del método de estudio.
2 - Las últimas páginas de nuestro catálogo ofrecen también una orientación.
3 - El cuaderno titulado "Células y otros grupos pequeños" es un curso de capacitación para los que desean aprender a coordinar un grupo.
4 - Algunas guías disponen de un cuaderno de sugerencias para el coordinador del grupo.

Finalmente diremos que las guías no contienen respuestas a las preguntas, ya que el cuaderno es exactamente eso: una guía, una ayuda para estimular su propio pensamiento, no un comentario ni un sermón. Le marcamos el camino, pero usted lo tiene que seguir.

Que el Señor lo acompañe en esta tarea y, si necesita ayuda, comuníquese con nosotros. Estamos para servirle.

Se terminó de imprimir en
Talleres Gráficos de
Ediciones CC
Córdoba 419 - Villa Nueva, Pcia de Córdoba
Mayo de 2014
Tirada: 100 ejemplares
IMPRESO EN ARGENTINA